Stefanie Grippekoven

Entwurf einer Therapiestunde: Tiergesichter

Förderung der Kreativität in der sonderpädagogischen Förderung, FB Kunst

GRIN Verlag

Bibliografische Information der Deutschen Nationalbibliothek:

Die Deutsche Bibliothek verzeichnet diese Publikation in der Deutschen National-
bibliografie; detaillierte bibliografische Daten sind im Internet über http://dnb.d-
nb.de/ abrufbar.

Impressum:

Copyright © 2008 GRIN Verlag GmbH
Druck und Bindung: Books on Demand GmbH, Norderstedt Germany
ISBN: 978-3-640-40257-1

Dieses Buch bei GRIN:

http://www.grin.com/de/e-book/131019/entwurf-einer-therapiestunde-tiergesichter

Förderung der Kreativität in der sonderpädagogischen Förderung

1. Therapiestunde zur Förderung der Kreativität

Sozialform	Alter	Materialien	Dauer	Position	Besonderheiten
Gruppe	Ab ca. 8	Modelliermasse,	90 – 120	Unabhängig	Kreatives Schaffen,
Einzel	Jahren	Farben	Min.		Strukturelle und
					spielerische
					Vorgehensweise

Thema:
Tiergesichter

Arbeitsform:
Einzelarbeit in der Gruppe

Material:
Lufttrocknende Modelliermasse, Teppichmesser, zwei kleine Holzlatten (ca. 0,5 cm dick), Wasserglas oder Nudelholz, Ausstechformen (z.B. Glas), runde Stiftkappen und Ähnliches, Stifte, Stäbchen, Löffel etc. Zum Verzieren Abtönfarben, Plakafarben, Pinsel.

Erfahrungsebene:
- Materialqualität der Modelliermasse kann erfühlt und erlebt werden, besonders die Veränderbarkeit der Masse.
- Es wird strukturell vorgegangen, aber auch individuell und spielerisch, so dass die Kreativität gefördert und ein unmittelbarer Zugang zu den eigenen kreativen Kräften geschaffen werden kann.
- Freudiges, phantasievolles und selbstständiges Schaffen.
- Durch die Konzentration auf die eigene Arbeit wird die Konzentrations- und Aufmerksamkeitsfähigkeit erhöht. Das Modellieren, Gestalten und Malen führt zu innerer Ausgeglichenheit.

Verlauf:

- Zu Beginn kann eine Phantasiereise in verschiedene Tierwelten (Dschungel, Afrikasteppe, Zoo, Haustiere etc.) unternommen werden.
- Ein faustgroßes Stück wird von der Modelliermasse mit dem Teppichmesser abgeschnitten und von den Kindern geschmeidig geknetet. Anschließend mit einem Wasserglas oder Nudelholz zu einem ca. 0,5 cm flachen Fladen ausrollen (2 kurze und flache Holzlatten links und rechts verhindern, dass der Fladen verschieden dick ausfällt!). Mit einem Glas oder anderen runden Formen verschieden große Kreise aus dem Fladen ausstechen (z.B. für den Kopf des Tieres u.ä.). Für andere Körperteile des Tieres weitere Formen herstellen, wie z.B. Dreiecke für mögliche Ohren eines Tieres. Die Kinder, die möchten, können dies selbstständig, ohne Ausstechformen, tun.
- Die Kreise, Dreiecke etc. zu Tiergesichtern arrangieren. Damit die einzelnen Teile gut aufeinander haften bleiben, werden sie mit ganz wenig Wasser benetzt. Am besten mit angefeuchteten Händen arbeiten. Die Verarbeitung ist der von Ton sehr ähnlich.
- Mit Kugelschreibern und Bleistiften, Löffeln und Gläsern lassen sich die Gesichter durch Einpieksen, -ritzen und –stanzen verzieren; es entstehen Mäuler und Pupillen, Schnurrbärte, Ohrmuscheln und vieles mehr.
- Die fertig modellierten Tiergesichter müssen einen Tag lang luftgetrocknet werden. Danach die getrockneten Figuren mit Farbe und Pinsel bemalen.

2. Förderung der Kreativität

Unter dem Begriff Kreativität als Förderziel, werden unterschiedliche Phänomene beschrieben.

Eine Auffassung ist, dass Kreativität eine persönliche Eigenschaft ist, die nur gefördert werden kann, wenn sie überhaupt vorhanden ist. Im Gegensatz hierzu wird die Kreativität in der Kunsttherapie bei jedem Menschen vorausgesetzt, die geweckt und entfaltet werden kann.

Rubin (1993/329) nimmt an, dass alle Menschen in irgendeiner Weise kreativ sind, die Möglichkeit zur Erhöhung und Ausbreitung der Kreativität in sich tragen, die dann zu einer immer höheren Leistungsstufe führt. Er setzt allerdings voraus, dass jeder Mensch auch seine bevorzugten Medien, Modalitäten und Themen hat.

Die zentrale Bedeutung für die kunsttherapeutische Arbeit mit Kindern und ihren Familien setzt voraus, dass jeder Mensch von Natur aus kreativ ist.

Davon ausgehend, dass es ein Grundbedürfnis des Menschen ist, sich auszudrücken, um sich selbst darin zu entdecken, bieten sich hierfür eine Vielzahl von Möglichkeiten. Außer den kreativen Aktivitäten im engeren Sinne, wie z.B. Singen, Musizieren, Tanzen, Dichten und Gestalten, zählen im weiteren Sinne auch Sprechen, Sport, handwerkliche Betätigungen, Programmieren usw. dazu.

Die Erfahrungen in der Kunsttherapie zeigen, dass oft nur die „Schranken im Kopf" überwunden werden müssen, um sich gestalterisch auszudrücken. Natürlich sind Kinder mit schweren geistigen oder körperlichen Behinderungen in ihrer Ausdrucksfähigkeit stark eingeschränkt. Für sie wird in der Kunsttherapie ein Ausgleich gesucht, z.B. durch den Einsatz von entsprechenden Techniken und Materialien oder gestalterische Aktivitäten mit spielerischem oder Aktionscharakter.

Von Kreativität im Rahmen der Förderung von Kindern mit einer geistigen Behinderung spricht man, wenn

1. technische Fertigkeiten und Ausdrucksformen im Bereich des ästhetischen Handelns vorhanden sind, (wobei davon ausgegangen wird, dass dem Kind, je nach Fähigkeiten, entsprechende Materialien und Techniken vorgestellt werden und die praktischen Gestaltungsmöglichkeiten schrittweise, durch kulturelle Formung, entwickelt werden.)
2. Problemlösungsstrategien und Ideen vorhanden sind
3. und eine treibende Kraft der Identitätsbildung vorhanden ist.

2005 und 2006 hat Schuppener sich mit der Kreativität von Menschen mit geistigen Behinderungen, wie auch mit dem heutigen Stand der Kreativität im Zusammenhang zwischen Identität und Kreativität beschäftigt und diese veröffentlicht. Sie geht besonders auf das Verständnis von Kreativität als Vorhandensein von Ideen und Problemlösungsstrategien ein, indem sie von 5 Ebenen der Kreativität spricht:

➢ die ungehinderte Produktion von Ideen,
➢ der geschickte Umgang mit Werkzeugen und Technik,
➢ die neuartige Anwendung von schon Bekanntem,
➢ die Erweiterung schon bekannter Prinzipien,
➢ die Entwicklung neuartiger Prinzipien.

Gerade in der kunsttherapeutischen Praxis kommt es häufig vor, dass Kinder neue Ideen erdenken und bereits bekannte Techniken und Materialien auf interessante neue Art nutzen.

Da ganze Generationen behinderter Kinder, durch das Ausmalen von Schablonen oder Mandalas unterfordert wurden, ist es nicht verwunderlich, dass alleine das Vorhandensein von schöpferischen Materialien noch keine Kreativität weckt. Deshalb unterstützt Schuppener die „Entwicklung übergeordneter Förderprinzipien und offener methodischer Anregungen für die Unterstützung einer Kreativitätsentfaltung", die sich auf jede Art schulischer, wie auch außerschulischer Förderung beziehen können, die insbesondere auch als Leitlinien in der kunsttherapeutischen Kreativitätsförderung genutzt werden können.

Hiermit nimmt sie auf Braun (1999) Bezug, die sieben kreativitätsfördernde Aktivitätsformen erarbeitet hat, die entfernt auch als Methoden der Kreativitätsförderung verstanden werden können.

1. Suchen und Sammeln

Hierbei werden Ideen (Brainstorming oder Imaginationstechniken) gesucht und Materialien (z.B. Blätter oder Baumfrüchte) gesammelt.

2. Experimentieren

Experimentiermöglichkeiten gibt es reichlich im Bereich des Gestaltens (z.B. Farbwahl, Auswahl von Materialien bei einer Collage). Kinder sollten unbedingt zum Probieren ermutigt werden und das möglichst ohne äußere Einflüsse, damit es sich selbst mit den Dingen auseinandersetzen kann.

3. Entdecken

Neugier ist ausgesprochen wichtig für die Entwicklung von Kreativität. Durch das Aufzeigen von beispielsweise neuen Entdeckungsmöglichkeiten im Bereich der sinnlichen Wahrnehmung, wird Neugier angeregt und gefördert. Improvisierende, zufällige Methoden lassen Kinder neue optische Erfahrungen machen, die sie ermutigen.

4. Erfinden

Hierbei handelt es sich um Produkte der Fantasie, die mündlich, schriftlich oder abgebildet, vorgestellt werden. Erfinden lässt keine Bewertung zu und realitätsbezogene Logiken werden nicht beachtet. Insbesondere geistig behinderte Kinder empfinden es erleichternd, dass sie ganz sie selbst sein können.

5. Verändern und Verfremden

Kinder sollen erfahren, dass die Nutzungsmöglichkeiten von Materialien veränderbar und gestaltbar sind, um sie auch aus anderen Perspektiven zu betrachten. Dadurch werden Kinder offener und flexibler im Umgang mit Gegenständen. Bunt bemalte Steine oder Stöcke lassen sich plötzlich weiter bearbeiten und werden Teil von etwas Neuem.

6. Darstellen

Ein Thema wird vorgegeben, wobei eine gewisse Freiheit für die persönliche Auslegung und Gestaltung bleibt. Darstellungen schöpferischer Einfälle sind als sinnbildliche Ausdruckformen der Realität zu sehen, in der eine Selbst- und Fremdwahrnehmung gleichzeitig geschieht. Während der Darstellung können kreative Bestandteile die Schemas überlagern. Es ist ein Vorurteil, dass die Vorgabe eines Themas Kinder in ihrer Kreativität einschränkt, denn die Praxis zeigt, dass Kinder in die Ausgestaltung eines Themas sehr viel Persönliches einbringen und durch unterschiedlichste Ausarbeitung überraschen. Arbeiten Kinder in Gruppen oder mit einem Partner, lernen sie auch, was ihre eigene Individualität ausmacht und wie unterschiedlich die Realität ist.

7. Gestalten

Ein wichtiger Ansatz für die Förderung von Kreativität ist die Gestaltung im experimentellem Umgang mit zwei- und dreidimensionalen Materialien. Bei der Entstehung von Bildern, Objekten, Skulpturen, Konstrukten etc. erkennen Kinder die eigenen Fähigkeiten. Bei der freien Gestaltung entdecken sie nicht selten weitere kreative Ideen.

3. Einsatz von Techniken, Materialien und Methoden
Einsatz von Techniken und Materialien

Entscheidend über den Einsatz der Technik, des Materials oder der Methode sind das therapeutische Ziel und die Bedürfnisse des Kindes. Bestandteile des therapeutischen Umfelds sind dagegen unwichtig.

Die Auswahl von Technik und Material ist besonders wichtig in der ressourcen-orientierten Kunsttherapie, weil sie vorhandene Ressourcen und die Entwicklung neuer Ressourcen unterstützt. Demotivierung und zu hohe Erwartungen an sich selbst, haben viele geistig behinderte Kinder auf das Malen und Gestalten verzichten lassen und so fehlen ihnen wichtige Erfahrungen über ihre Möglichkeiten. Im Gegensatz zu anderen therapeutischen Bereichen, ist die Wahl des Materials für geistig behinderte Kinder ausschlaggebender. Der Entwicklungsprozess der Bewältigung künstlerischer Aufgaben und des Gestaltens entwickelt sich aus der seelischen Reife und deren Wiedereingliederung. Bei gewissenhafter Auswahl der Möglichkeiten im Zusammenspiel zwischen Technik und Material, kann jedes Kind viel Freude und Erfolgserlebnisse haben.

Der Einsatz eines bestimmten Materials kann die Technik ebenso bestimmen, wie umgekehrt. Während der Therapie kann das Material und sein Produkt ein drittes Paarverhältnis zwischen Therapeuten und Patienten bilden, behauptet Biniek.

Malen mit Acrylfarben, Wachsmalstiften, Filzstiften und Marmorierfarben, Herstellung von Farben aus Pigmenten und Knochenleim, Herstellung von Objekten aus Natur- und/oder Recyclingmaterialien, Collage, Formen mit Ton, Fotografieren und Verfremden der Fotos sind Gestaltungsmittel, die von Herrn Prof. Quack in der ressourcen-orientierten Kunsttherapie verwendet werden.

Einsatz von Methoden

Methoden sind Teil des Methodenbestands (Einzel-, Partner und Gruppenarbeit; Einsatz von Entspannungsverfahren) wie auch besondere Verfahren der Kunstpädagogik und –Therapie (Aleatorische Verfahren und Phantasiereisen) und unterstützen die kunsttherapeutischen Taktiken. Der Therapeut muss sein Wissen, seine Erfahrungen, sowie sein Feingefühl, seine Reflexionsfähigkeit und Kreativität anwenden, um ein entsprechendes Programm zur individuellen Therapie seines Patienten aufzustellen. Wichtig ist, wovon das Kind am meisten profitiert und welches therapeutische Ziel ansteht. Negative Therapien können auch schaden.

Einzel-, Partner- und Gruppentherapie
Gruppentherapie

Folgende Vor- und Nachteile für die Gruppentherapie werden von Liebman (1986,214-215) genannt:

Vorteile:

- ➢ Erlernen von sozialem Verhalten.
- ➢ Feststellung der Wirkung, die das Selbst auf andere hat.
- ➢ Lernmaterial bietet sich für den Therapeuten aus Konflikten innerhalb der Gruppe und kann dort aufgearbeitet werden.
- ➢ Begabungen und Fähigkeiten werden bei jedem Gruppenmitglied hervorgehoben.
- ➢ Mehreren Menschen kann in der Gruppe gleichzeitig geholfen werden.
- ➢ Mitglieder werden wahrgenommen, anerkannt und wertgeschätzt, können miteinander kooperieren und Engagement zeigen.
- ➢ Erfahrungen im Bereich sozialer Unterstützung und Solidarität werden gesammelt.
- ➢ Einzeltherapie ist intim und von Kindern nicht immer erwünscht.

Nachteile:

➢ Es kommt nur schwer Vertraulichkeit auf, wegen der Anzahl an Personen.

➢ Der Therapeut muss seine Aufmerksamkeit auf zu viele Patienten richten.

Von positiver Relevanz ist insbesondere die Förderung des Sozialverhaltens in der Gruppenarbeit. Das Miteinander zwischen schüchternen und dominanten Kindern bedeutet, dass die einen sich durchsetzen lernen und die anderen Rücksicht üben. In der Gruppe ergeben sich typische Verhaltensweisen mit denen gemeinsam bildnerisch und verbal in der Gruppe gearbeitet werden kann. Es bilden sich Taktiken und zusammenerarbeitete Verhaltensweisen für das reale Leben.

Die Zusammensetzung innerhalb der Gruppe sollte abgestimmt sein, damit ein sehr stilles Kind in der Zusammenarbeit mit beherrschenden Kindern nicht an Selbstbewusstsein verliert.

Einzeltherapie

Besonders für die Behandlung spezieller Probleme und notwendigen Förderungen bietet sich die Einzeltherapie an. Der Therapeut entscheidet über die Reihenfolge der Problembehandlung und ob sie in der Einzel, Partner- oder Gruppentherapie behandelt wird.

Im Fall von Vertrauensverlust des Kindes kann es in der Einzeltherapie erst wieder Vertrauen zu einem Menschen, dem Therapeuten, aufbauen, um später in der Gruppentherapie den Personenkreis zu erweitern.

Leider wird aus Kostengründen häufig die Gruppenarbeit vorgezogen ohne die Berücksichtigung der verschiedenartigen Behinderungsarten, Verhaltensauffälligkeiten und Störungspotenzialen. So betrachtet sind die genannten Vorteile zur Gruppenarbeit von Liebman ausgesprochen optimistisch gesehen.

Partnertherapie

In der Partnertherapie werden die Pluspunkte der Gruppenarbeit und Einzeltherapie miteinander vereinbart. Ein persönliches Verhältnis und erhöhte Aufmerksamkeit sind bei nur zwei Kindern möglich und die Chance, dass beide Kinder voneinander profitieren.

Dialogisches Malen als Form der Partnerarbeit

Hierbei wird ein Bild von zwei Personen ohne verbale Kommunikation gestaltet. Es bezieht sich nur auf Farben, Linien und Formen.

Die Formen des Dialogischen Malens:

> „Zweifarbiges Partnermalen": Jeder Partner wählt eine Farbe aus und malt nebeneinander sitzend im Wechsel. So muss der Partner auf die Motive des anderen eingehen. Herr Prof. Quack gab Kindern ein gemeinsames Thema und sie mussten sich die Farbe teilen, wodurch eine höhere Kooperationsfähigkeit entwickelt wurde.

> „Geführte Hände": Der Stift wird gemeinsam von zwei Kindern über ein Blatt Papier geführt, wodurch die Kinder spielerisch erlernen, sich führen zu lassen, Grenzen wahrzunehmen und sich auf den Partner einzulassen.

> „Schnörkelspiel": Der Therapeut zeichnet einige Schnörkel auf ein Blatt Papier, das Kind bezieht sich darauf und zeichnet weiter, wodurch ein nonverbaler Kontakt hergestellt wird. Phantasie, Flexibilität und Dialogfähigkeit werden geübt.

> „Malen mit geöffneter Tür": Ein Bild teilt sich in der Mitte durch eine Linie, die durch eine Tür unterbrochen ist, durch die beide Partner Kontakt aufnehmen können oder sie als Grenze sehen.

Bei allen Formen sind Abwandlungen möglich, wobei die Persönlichkeit des Kindes und seine Ressourcen über die Malform entscheiden.

4. Literaturverzeichnis

o   Biniek, Eberhard (1992); Psychotherapie mit gestalterischen Mitteln – Eine Einführung in die Gestaltungstherapie; Darmstadt: Wissenschaftliche Buchgesellschaft (2. Auflage).

o   Brändel, Bine (2006); Kreative Bastelhits; Ravensburg: Ravensburger Buchverlag Otto Maier GmbH (1. Auflage).

o   Braun, Daniela (1999); Handbuch Kreativitätsförderung – Theorie und Praxis für die Arbeit mit Kindern; Freiburg im Breisgau: Herder (2. Auflage).

o   Liebman, Marian (1986); Spiele mit Kunst und Gruppenstrukturen; in: Dalley, Tessa (Hrsg.); Kunst als Therapie – Eine Einführung; Rheda-Wiedenbrück: Daedalus.

o   Rubin, Judith Aron (1993); Kunsttherapie als Kindertherapie – Kinderbilder zeigen Wege zu Verständigung und Wachstum; Karlsruhe: Gerardi (1. dt. Auflage; New York 1978).

o   Schuppener, Saskia (2006a); Kreativitätsförderung von Menschen mit geistiger Behinderung; in: Zeitschrift für Heilpädagogik, Bd. 2006, S. 52-59.